DES SCISSIONS,

ET

DES PRINCIPES A SUIVRE

PAR

LE CORPS LÉGISLATIF

Dans le jugement qui lui est délégué de la validité des élections,

PAR P. C. LAUSSAT,

Membre du Conseil des Anciens.

Adsit
Regula, peccatis quæ pœnas irroget æquas.

En floréal de l'an 7.

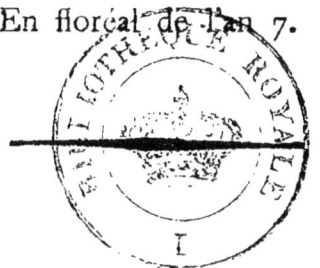

BAUDOUIN, imprimeur du Corps législatif, place du Carrousel, N°. 662.

AVERTISSEMENT.

Il sera aisé de reconnoître que j'avois jeté ces idées sur le papier avant que le Corps législatif se fût déclaré, dans sa marche et ses opinions, comme il l'a fait, contre le système des scissions: j'avois depuis cru inutile de les publier; mais la variation extrême des principes que j'ai entendu professer aux tribunes nationales, soit dans les débats, soit dans les jugemens, relatifs aux opérations des assemblées électorales, m'ont persuadé qu'il importoit d'attirer sur cette matière l'attention et les travaux des législateurs, et j'imprime cet écrit.

DES PRINCIPES

Dans les jugemens concernant la validité des élections,

PAR P. C. LAUSSAT,

REPRÉSENTANT DU PEUPLE,

A SES COLLÈGUES DES DEUX CONSEILS.

MES COLLÈGUES,

QUEL est donc ce fléau qui, à peine naissant, a déjà fait de si grands progrès dans notre République ? Des scissions ! des scissions nombreuses, prévues, conseillées, combinées de toutes parts, sans autre autorité que celle de trois ou quatre exemples trop indulgemment jugés en l'an 4 & en l'an 5 !

Sentez-vous, représentans du peuple, où nous précipiteroit bientôt cette source de désorganisation & de désordre, inouie dans toutes les Républiques de la terre jusqu'à nos jours ? Seroit-ce un gouvernement policé que celui qui, tous les ans, permettroit à chaque parti d'arborer, dans plus de cent départemens, ses bannières opposées, avec la confiance justifiée que leurs enrôlemens seroient accueillis ici par le Corps législatif, au gré des circonstances & des hommes ? la constitution, les lois, la justice, les règles seroient donc le jouet mobile des passions & des événemens ! Il y auroit deux volontés nationales contraires, entre lesquelles nous serions les maîtres de choisir chaque année celle qui nous conviendroit le mieux ; c'est-à-dire, qu'il n'y auroit de volonté nationale que celle de ses mandataires !

Si c'étoit mon principal objet de vous développer les dangereuses conséquences d'une pareille doctrine, nous y découvririons, au premier pas, le renversement infaillible & violent du système démocratique & représentatif, ou plutôt de tout ordre social. Vous verriez ce mal se propager nécessairement d'année en année, avec tant de rapidité, qu'avant peu, tout département, & par degrés toute assemblée primaire & communale auroit ses doubles élections.

Ainsi, des peuples distincts existeroient mêlés ensemble & non confondus ; des peuples ennemis, nourrissant constamment leur animosité réciproque, mesurant & comptant périodiquement tous les ans leurs forces respectives ; des peuples ayant chacun leurs citoyens conscrits de ville en ville & de village en village, & chacun, tour-à-tour, ici foible & opprimé, là fort & oppresseur ; des peuples enfin qui, inquiets de s'assurer la supériorité l'un sur l'autre, par plus de concentration & de vigueur, tomberoient d'excès en excès, & de factieux en factieux, jusque dans les serres d'un roi.

Comme moyen politique de gouvernement & ressource contre la prépondérance égarée & l'invasion menaçante d'une faction, l'invention n'est pas plus heureuse ; elle n'aboutit qu'à amener la discorde entre les premiers pouvoirs & leurs membres. Si elle atteint quelquefois le but désiré, c'est en multipliant les inimitiés ardentes & les ressentimens profonds ; c'est en allumant le foyer d'où éclateront dans la suite de terribles explosions ; c'est en décréditant & dépopularisant toutes les parties du gouvernement ; c'est enfin en semant par-tout le projet, l'espoir, le besoin des réactions & des vengeances : mais le but convenu lui-même, elle le manquera probablement presque toujours, parce qu'il exigeroit un accord & un concours impoffibles d'intérêts & de volontés. Il n'y a donc à attendre des fciffions que les plus funeftes inconvéniens, & pas un avantage.

Nous n'avons pas de plaie dans notre corps politique qui appelle auffi urgemment un remède efficace.

Elle vous prouve au refte combien nos lois fur les élections font imparfaites. Là couve le germe empoifonné ; mais les réformes qu'elles réclament ne font pas des réformes de circonftance, de confédération, de récrimination, de vues étroites & privées ; il faut des réformes affifes fur les principes généraux, & méditées à loifir & à froid dans le filence des paffions, & dans les élans d'un génie grand & confervateur.

Cependant, les fciffions nous ont jetés dans un chaos ; il s'épaiffit & devient plus inextricable par l'infuffifance & l'incohérence de nos lois pofitives, qu'une urgence trop irréfléchie ou trop impérieufe nous a le plus fouvent arrachées.

Il en réfulte que nous n'avons aujourd'hui aucune bouffole pour diriger avec quelque affurance nos opinions, & elles errent au gré des vagues & des vents.

Ne nous y trompons pas, mes collègues, notre falut comme notre devoir eft habituellement dans les principes. Les aberrations, hors de leur fphère, à moins d'être évidemment commandées par des circonftances irréfiftibles, infiniment rares & paffagères, entraînent à une perte inévitable.

J'ai donc cherché à me retracer dans cette matière quelques principes déduits de la conftitution & du fens commun, qui puffent fervir de règle invariable à mes opinions : faute de l'avoir affez fait, on s'eft expofé à fe former, dans les efpèces particulières, de fauffes maximes, qui ne nous séduisent que parce qu'elles sont isolées & envisagées sans rapport & sans ensemble avec d'autres non moins importantes, & plus étroitement liées à l'intérêt public.

Partons de ce point reconnu, que la constitution, par ses articles 23, 40 & 43, a confié au corps législatif la prérogative de *prononcer & de prononcer seul sur la validité des assemblées primaires & électorales.*

Cette attribution illimitée est une des plus précieuses sauvegardes de notre pacte social, ou plutôt de notre gouvernement constitué, & n'est pas réprouvée par la saine logique du droit public.

Il seroit superflu de faire remarquer qu'il y a une énorme différence de la faculté de valider ou d'invalider des élections bonnes ou mauvaises, au pouvoir de les suppléer & de les remplacer : celui-ci seroit incompatible avec les dogmes de la liberté ; celle-là s'y accommode, &, quand on y réfléchit, n'est pas susceptible de bien grands abus.

Le plus grave seroit que le corps législatif pût repousser les choix du peuple mal à propos, légèrement, & pour se perpétuer : ce n'est point à craindre. Le tiers sortant touche, lors des jugemens, à l'expiration de ses pouvoirs ; &, quoi qu'il avînt des nouvelles élections, ses pouvoirs n'en expireroient pas moins. Difficilement expliqueroit-on quel puissant intérêt pourroit engager les deux tiers restans à comploter avec lui une prorogation quelconque de ces pouvoirs. Trop d'obstacles d'ailleurs s'y opposeroient. Cependant ces deux tiers ne voudront pas courir le risque de se trouver réduits au nombre au-dessous duquel la constitution ordonne de procéder à de nouvelles convocations pour le compléter, & ce nombre est justement celui des deux tiers. Ils n'éluderont donc pas un renouvellement partiel, dont ils ne peuvent se passer ; car l'intérêt des corps politiques comme des corps humains eſt ſur-tout celui de la conſervation.

C'eſt auſſi pourquoi le corps légiſlatif eſt, ſous tous les points de vue, le meilleur des juges des élections deſtinées à l'alimenter & à le maintenir. Tels, dans cette Athènes, qu'on ne craint pas de citer quand il s'agit d'inſtitutions démocratiques, on vit autrefois les citoyens qui avoient été portés aux magiſtratures par les ſuffrages du peuple, n'entrer en exercice de leurs fonctions qu'après en avoir été jugés dignes devant les tribunaux.

Combien une pareille précaution épargnoit de ſurpriſes & de repentirs, de brigues & de troubles ! Combien elle mettoit d'homogénéité, de force & d'eſprit de ſuite dans les diverſes branches du gouvernement ! Rien en même-temps, il faut l'avouer, ne ſemble moins conforme à la chaîne naturelle des idées & au culte de la ſouveraineté populaire.

La diſparate eſt beaucoup moins choquante pour notre République.

Il eſt, en effet, convenu que la ſouveraineté réſide dans l'univerſalité des citoyens : or, en France, les aſſemblées primaires ne ſont que des fractions de cette univerſalité. Le corps légiſlatif, au contraire, la repréſente toute entière, & en eſt l'organe irrécuſable pour tout ce qui eſt de ſon reſſort. La conſtitution y a compris la validité des élections : par conſéquent, tant qu'elles n'ont encore que le ſuffrage médiat ou immédiat des aſſemblées primaires, elles n'offrent qu'un vœu fractionnaire de cette unité qui conſtitue le ſouverain. Ce vœu fractionnaire prend le caractère de la volonté générale par le jugement que nous prononçons de ſa validité : juſque-là il en a ſeulement la préſomption.

Il mérite, à ce titre, nos reſpects : nous lui en devons

d'autant plus, qu'il a paffé par moins d'intermédiaires pour arriver du peuple à nous. Ainfi les opérations des affemblées primaires ont quelque chofe d'encore plus facré que celles des affemblées électorales.

Il nous eft moins permis de leur impofer des conditions, ou d'être trop rigides fur celles qu'elles auroient négligées.

Notre acte conftitutionnel nous a lui-même indiqué ces nuances, foit quand il a attribué aux affemblées primaires, & non aux affemblées électorales, de ftatuer provifoirement, & fauf recours devant les tribunaux civils, fur les qualités requifes des citoyens pour voter ; foit quand il a interdit formellement aux affemblées électorales les adreffes, pétitions & députations, dont il s'eft tû envers les affemblées primaires ; & enfin, quand il n'a pas expreffément foumis celles-ci à la furveillance d'un commiffaire du Directoire, à laquelle il a foumis les autres.

Nous avons été, dans ce que nous appelons nos *inftructions*, moins fcrupuleux que la conftitution, quoique nous euffions plus de raifons de l'être davantage.

Mais ces inftructions ne peuvent pas faire que nous ayons à chercher autre chofe dans les procès-verbaux des élections, finon le réfultat de la volonté générale, dont l'expreffion repofe en dernière analyfe dans la majorité numérique des fuffrages : l'effence de toute élection, c'eft donc la majorité.

En un mot, pour emprunter le langage de Jean-Jacques, *interroger la volonté générale, faire en forte qu'elle réponde toujours*, & la recueillir dans le vœu prépondérant de la majorité, voilà à quoi fe réduit l'étendue entière de nos devoirs & de nos pouvoirs en fait de loi ou de jugement relatifs aux élections.

Faisons l'application de ces maximes, d'abord à des assemblées qui n'aient pas éprouvé de scission, & ensuite à des assemblées où il y en ait eu.

Un procès-verbal ne sera pas toujours valide, parce qu'on aura opéré sans faire de scission; il peut d'ailleurs être infecté de vices intrinsèques & essentiels. Je regarde la violation manifeste d'une disposition constitutionnelle quelconque, comme une cause irréfragable de nullité. Il en sera de même de toute irrégularité de forme qui tendroit à rendre douteux le résultat ou l'authenticité du procès-verbal.

Je ne mets point au rang de ces vices essentiels les erreurs qu'une assemblée primaire commettroit en statuant provisoirement sur les qualités requises pour l'exercice des droits de ses citoyens. Quand la constitution lui en a dispensé l'autorité, elle n'a pas prétendu lui assurer le privilége d'en user avec infaillibilité : si peu l'a-t-elle cru qu'elle a réservé le recours juridique contre ces sortes de décisions, & qu'elle les qualifie de provisoires; une assemblée primaire est purement ici un tribunal de première instance, exposé, comme tous les autres tribunaux, à bien ou mal juger.

Il seroit absurde de conclure, de ce qu'elle auroit mal jugé la cause particulière d'un de ses votans, qu'elle auroit rendu nul le vœu de tous les autres; ses actes de jugement ne sont pas des actes d'élection.

On m'opposera peut-être qu'avec cette manière de raisonner je laisserai une assemblée se composer tout à son aise d'une majorité qui ne sera pas de citoyens ayant droit de voter : c'est loin de mes vues ; je n'y souffrirois pas même une minorité équivalente, par les combinaisons du nombre & de l'influence, à une majorité de cette espèce. La nullité des opérations s'inféreroit alors, non de ce qu'on auroit mal jugé, mais de ce qu'une

Des scissions par Laussat. A 5

assemblée auroit élu & jugé, qui, n'étant pas composée de vrais citoyens, n'avoit qualité ni pour juger ni pour élire; il suffiroit au Corps législatif d'en avoir la conscience intime pour qu'il prononçât, à juste titre, la cassation. Qu'est-il en effet dans ces sortes de jugemens, sinon un véritable jury ? Qui se persuaderoit & qui oseroit soutenir que la constitution, en nous revêtiflant de cette attribution importante, a purement entendu faire de nous de simples vérificateurs du matériel des procès-verbaux? Elle nous l'eût en ce cas déléguée avec d'autres expressions & avec moins de latitude, qu'en disant & répétant par deux fois que *le Corps législatif prononceroit seul sur la validité des opérations.*

Il y avoit peu d'inconvéniens & il y avoit nécessité à attribuer aux assemblées primaires la connoissance provisoire des qualités politiques de leurs membres; une assemblée primaire existe par elle-même; chaque citoyen y stipule pour soi, &, si on l'exclut injustement, on ne fait du moins tort qu'à lui ; enfin, il trouve dans la constitution le remède à ce mal momentané & individuel. Il en est autrement d'une assemblée électorale. Elle est, dans notre hiérarchie constitutionnelle, une de nos autorités constituées, & elle a sa part faire dans notre distribution fondamentale des pouvoirs; il n'est pas en la puissance du législateur d'y ajouter ou d'en retrancher. S'il a donc autorisé les assemblées électorales à s'arroger une juridiction quelconque sur les qualités politiques personnelles des électeurs, il a fait ce qu'il ne pouvoit pas se permettre.

Une fois ces qualités jugées par les assemblées primaires, il n'y a plus à en revenir que, ou devant les tribunaux civils pour l'intérêt privé des personnes, ou devant le Corps législatif pour l'intérêt général de la République. La seule qualité des électeurs qui importe directement à une assemblée électorale, c'est celle-là même d'électeur ou de représentant spécial d'une assemblée primaire dans le sein du corps électoral. Quand ce corps vérifie les pouvoirs, il n'a par conséquent d'autre titre à examiner que les procès-verbaux où ils sont consignés : sans quoi, on tombe dans l'inconséquence & l'indécence de subordonner les jugemens d'une assemblée primaire à des électeurs qui n'ont caractère & mission que pour élire ; on expose des masses nombreuses de citoyens à n'être pas représentés dans les plus importantes élections, sous de vains prétextes ; on force une assemblée électorale à perdre la plus grande partie des dix jours qui lui sont accordés, en recherches & débats totalement étrangers à ses fins, & pour lesquels même les pièces probantes ne sont pas le plus souvent à sa portée ; on enfreint ouvertement cet article de la constitution, qui a défendu à tout autre que le Corps législatif de prononcer sur aucune des opérations des assemblées primaires.

Cependant, pour le moment, & puisque nos *instructions* du 6 germinal an 6 en ont décidé autrement, on ne sauroit imputer à crime à une assemblée électorale de s'en être prévalue. Si elle a erré dans ses exclusions ou ses admissions, ces erreurs particulières n'infirment point la validité générale des élections. Il faut dire à cet égard des assemblées électorales ce que j'ai déja dit des assemblées primaires ; & il faut le dire de celles-là avec bien plus de force, puisque l'erreur de jugement tient déja chez elles à une erreur d'attribution.

Ferme défenseur de ces articles de la constitution qui chargent les assemblées primaires seules de statuer provisoirement sur les qualités requises pour voter, & le Corps législatif seul de prononcer sur la validité de leurs opérations, j'en ai médité les conséquences, & elles m'ont confirmé dans mon sentiment.

D'abord, la formation des assemblées primaires est précédée de listes dressées par les administrations municipales, tant pour les votans que pour les éligibles. Les administrateurs municipaux les forment d'après les préjugés & les décisions des années précédentes, la vérification des divers rôles des contributions, la connoissance ou notoire ou acquise des facultés, des exceptions & des exclusions de leurs concitoyens : s'il ne survient, ni partie plaignante, ni réclamation publique, ni dénonciation, il est vraisemblable qu'il n'a été commis ni omission, ni erreur, ni injustice.

J'aurois aussi quelque raison de donner à cet égard plus volontiers ma confiance à l'impartialité, au désintéressement & aux notions locales d'une assemblée primaire, qu'aux chicanes de la rivalité & de l'ambition dans une assemblée électorale.

Veut-on néanmoins qu'il s'introduise de cette manière quelques électeurs dépourvus des qualités exigées ? Il n'est pas probable que ce soit jamais en nombre majeur & influent ; les opérations de l'assemblée primaire qui les aura nommés feront tôt ou tard cassées pour l'ordre & l'exemple ; &, après tout, je ne comprens pas quels si graves inconvéniens en auront rejailli sur l'assemblée électorale : ne serez-vous pas toujours ici pour les juger ? Et songez quel ferment de division & de confusion j'ôte de leur sein, & quelle source de scissions j'y taris, en même temps que je les ramène à leur unique destination.

Je ne me contenterai pourtant pas ensuite de formes irréprochables dans la teneur de leurs procès-verbaux ou de ceux des assemblées primaires, pour les croire tout-à-fait à l'abri d'un équitable jugement d'invalidité.

Les formes légales d'un procès-verbal ne nous garantissent point que les procédés employés dans les élections ne foient d'ailleurs illégaux & coupables : n'exifte-t-il pas, graces à nos dernières inftructions, des protocoles qu'il ne s'agit que de remplir? Ne connoît-on pas enfin l'art infidieux & commode du laconifme & du filence ?

Cependant les droits des citoyens appelés à élire, les conditions d'éligibilité, le concours & l'émiffion libres des fuffrages ne font certes pas fatisfaits, parce qu'un protocole imprimé aura été fervilement copié.

Le Corps légiflatif, comme juge fuprême des élections, a donc autre chofe à confulter que la contexture mécanique & le fimple dire des procès-verbaux.

Il n'y a pas dans un département de citoyen, de commune, d'autorité, d'électeur dont les réclamations & les dénonciations en cette matière foient à méprifer ou à écarter. Plus il importe éminemment au fyftême repréfentatif que le peuple jouiffe de fa pleine liberté dans les élections, moins il nous eft permis d'y refter inattentifs & fourds à aucune de fes plaintes.

La conftitution a tellement fenti qu'un procès-verbal ne feroit pas un monument toujours fidèle des écarts d'une affemblée électorale, qu'elle a fait un devoir au commiffaire central de fe tenir près d'elle & *de dénoncer au Directoire les infractions qu'elle feroit à l'acte conftitutionnel*. Ce n'étoit point pour le Directoire lui-même, qui n'a rien à voir aux élections, mais afin que ces renfeignemens officiels fuffent, au befoin, tranfmis au Corps légiflatif, & qu'il pût, indépendamment de tout procès-verbal, les prendre en confidération.

Ainfi, quand j'ai à me former une opinion fur une élection, je n'exclus de mon examen aucune même des fimples notes non foupçonnées ou non arguées de faux, qui me paroiffent propres à me donner une jufte idée de ce qui s'eft paffé dans l'affemblée.

Si j'en rapporte la perfuafion que la volonté libre de

l'univerfalité des votans & ayant droit de voter, ou le vœu exprimé de la majorité, ne nous eft point parvenu ; s'il m'eft démontré qu'il nous foit parvenu effentiellement altéré ou défiguré, je me croirai obligé de traiter le procès-verbal & fes élections de pures fictions : je les regarderai comme non avenus.

Je ne ferai pas d'ailleurs extrêmement confcientieux fur cette foule de formalités & de règles minutieufes que nos inftructions ont établies : une certaine rigueur, fous ce rapport, ne me fembleroit même tolérable que tout au plus vis-à-vis des affemblées électorales.

En général, je le répète, je n'envifage guères comme motifs fuffifans de nullité que ceux qui dérivent de violation des difpofitions textuelles de la conftitution : par exemple, fi le bureau provifoire n'a point eu pour préfident le plus âgé, & pour fécretaire le plus jeune ; fi l'affemblée n'a pas été conftituée au fcrutin fous un bureau définitif, formé d'un préfident, d'un fecrétaire & de trois fcrutateurs ; s'il y a paru des armes autres que celles de la force armée duement requife ; fi on s'eft réuni pour d'autres objets que ceux avoués par la conftitution.

Outre ces caufes d'annullation générale, il y en aura d'annullation partielle, lorfque, parmi des opérations légales, il s'en trouvera quelqu'une en particulier de radicalement irrégulière, foit dans fon objet, foit dans fa forme.

Je citerai encore une circonftance où les opérations quelconques d'une affemblée feroient abfolument nulles ; c'eft au cas qu'elle fe fût établie en état de révolte ouverte contre une loi : ce qui arriveroit, fi, de propos délibéré, fciemment, volontairement, elle refufoit d'y obéir. La nullité ne proviendroit pas alors de fes opérations en elles-mêmes ; mais de ce que, fraction ifolée & détachée du fouverain, elle fe feroit mife hors du pacte focial, & y auroit comme fait renonciation de fes droits.

Seroit-il notamment possible d'apprécier d'une autre manière le mépris prouvé des lois relatives aux parens d'émigrés & aux ci-devant nobles & anoblis ? Seroit-il pardonnable de juger différemment l'omission totale & affectée de ce serment, qui, établi par mesure de simple législation, est pourtant devenu le symbole de la foi républicaine, la garantie morale des fonctions publiques, & le gage religieux d'une inébranlable fidélité à notre gouvernement, à notre constitution, comme d'une irréconciliable haine à tous ses ennemis ? Ne pas le prêter, ce seroit déja avoir déserté vers eux, & ne plus compter dans nos rangs.

Mais une condition, la plus essentielle & la plus sacrée de toutes dans les assemblées politiques, & dans leurs élections, c'est qu'aucune violence n'y empêche les membres, quels qu'ils soient, de se réunir, de voter, de se constituer, de procéder avec la plus entière liberté.

Il importe que le Corps législatif se montre inflexible sur ce point. La réalité & la durée de la représentation populaire en dépendent. Nos lois n'y ont pas assez pourvu. Je ne m'y rappelle de disposition positive à cet égard que celle qui défend d'admettre des étrangers dans les lieux des séances : elle est bonne ; & quand il y aura contestation devant nous sur les élections, j'annullerai irrémissiblement celle où il me sera démontré dans mon ame qu'on a refusé ou éludé de l'observer.

Mais il ne suffit pas, à mon avis, de cette précaution, & il y a, sur les moyens de garantie de la liberté des suffrages d'une assemblée politique non encore définitivement constituée, un vide dans notre code électoral, qui sollicite l'attention prompte & sérieuse du législateur.

Quand l'assemblée est une fois organisée & assise, je crains infiniment moins qu'elle se laisse effrayer, disperser, chasser ; la majorité, que je suppose parvenue librement à se donner un bureau définitif, a dès-lors intérêt à en protéger l'autorité, & ce bureau n'en a pas moins à la conserver. Il y aura vraisemblement été choisi propre; & toute assemblée a, suivant la constitution, sa police. De là s'ensuit en même temps que si le bureau étoit l'ouvrage de la violence, il ne feroit qu'en continuer & en conserver l'empire. Pour le coup ce seroit bien le cas ou jamais d'une annullation absolue : car d'un principe corrompu il ne peut rien sortir que de vicieux ; & quand une assemblée a été originairement mal constituée, il n'y a point au vrai d'assemblée.

Voilà pourquoi il est si nécessaire de pourvoir à ce que l'autorité, naturellement foible à-la-fois & exposée, du bureau provisoire, reste sur-tout affranchie de toute ombre de violence & d'opposition.

Où elles règnent, il est dans la nature de s'y soustraire ; de ce mouvement a dû naître le seul genre excusable de scission ; & je ne disconviendrai pas qu'en pareille circonstance elles n'aient quelque apparence de légitimité. Néanmoins, sans revenir sur ce que j'en ai déja exprimé, je les regarde comme d'un abus si inévitable, & d'une utilité si rare, que j'aime mieux ne les adopter jamais. J'apperçois moins de mal à laisser alors un département sans sa part annuelle des députations ou des élections. Le nombre de ceux qui en courroient les hasards, même cette année, feroit peu considérable. Plus nous nous attacherions à cette marche avec fermeté, & plutôt les partis se désabuseroient de ce perfide expédient; nous verrions fort vite les élections redevenir par-tout des émanations non équivoques de la volonté générale.

Mais puisque les scissions ont déja pour elles les exemples & la jurisprudence de nos dernières sessions, il n'est pas possible de méconnoître tout-à-fait des électeurs, par cela seul qu'ils ont scissionné, & de ne tenir aucun compte d'un procès-verbal, par cela seul qu'il est d'une scission ; ce feroit vouloir qu'une arme à laquelle nous avons nous-mêmes encouragé & inftruit le peuple français, n'eût été en fes mains qu'un piège tendu à l'exercice de fa fouveraineté.

Nous devons au moins permettre qu'on argue des aſſemblées ſciſſionnaires au milieu de nous, comme ayant un caractère innocent & de quelque authenticité.

Si nous n'en avions jamais accueilli, la majorité d'électeurs qui auroit imaginé de fe féparer de la minorité pour former un aſſemblée particulière, auroit à s'imputer d'avoir, par une ſemblable entrepriſe, privé elle-même ſes commettans de ſes ſuffrages : la minorité, qui auroit opéré d'ailleurs ſelon les règles, auroit été à nos yeux l'unique aſſemblée électorale qui eût exiſté. Nous ne rechercherions plus alors de quel côté ſe trouveroit la majorité ou la minorité, mais de quel côté feroit la ſciſſion. Or elle feroit, ſans nul doute, du côté où nous ne rencontrerions ni le bureau proviſoire primitivement inſtallé, ni le bureau définitif ſubſidiairement formé, tels l'un & l'autre que la conſtitution les déſigne.

Mais dans l'hypothèſe des ſciſſions admiſes au moins comme actes contradictoires & comme termes de comparaiſon, la majorité ſe compte dans l'aſſemblée mère, ou elle ſe compte dans l'aſſemblée ſciſſionnaire.

Si elle eſt inconteſtablement dans l'aſſemblée mère, les difficultés & les diſſentimens s'évanouiſſent : c'eſt auſſi là qu'eſt le vœu du peuple.

Si elle eſt au contraire inconteſtablement dans l'aſſemblée ſciſſionnaire, c'en eſt aſſez pour que nous n'héſitions pas à rejeter les opérations de l'aſſemblée mère ; car la majorité eſt la condition eſſentielle que rien ne peut remplacer, ou, pour mieux dire, elle eſt l'unique but pour lequel a lieu toute aſſemblée éliſante & délibérante.

Ici les meilleurs eſprits peuvent ſe diviſer.

Les uns, raiſonnant à la rigueur, voudront que les ſciſſions n'étant encore réprouvées ni par l'uſage, ni par la loi, on admette encore à préfent leurs choix quand elles auront la majorité; ceux-ci devront exiger que la fciffion fe foit formée avant que l'affemblée originaire fût définitivement conftituée, ou que, fi elle s'eft formée après, elle y ait été évidemment forcée par la violence.

D'autres, & je fuis du nombre, plus touchés de la néceffité preffante de ramener par le fait, à défaut de loi, le fyftéme repréfentatif aux élémens dont il n'eût jamais dû s'écarter, & la République à des principes de folidité & d'harmonie, rejetteront dès-à-préfent la nomination des fciffions, quelle que foit leur majorité.

En général auffi, une majorité qui a peur d'une minorité oppofante, & qui en fuit les regards furveillans, ne prévient pas en fa faveur, & eft fouvent prête à devenir ou fervile ou factieufe. Que penfer de républicains qui, chargés par leurs concitoyens d'une miffion honorable, n'ont pas le courage de la remplir?

Malheur aux temps où nos affemblées périodiques feront calmes & unanimes! Malheur aux républiques du fein defquelles ne s'élèvent pas, au retour périodique & fréquent de leurs élections, des tourmentes & des orages! Au milieu d'eux brille d'ordinaire l'arc-en-ciel de la liberté. Vous êtes trop clairvoyans & trop éclairés, repréfentans du peuple, pour concevoir jamais ni d'inquiétude, ni d'effroi, de ces crifes falutaires, mais auffi trop jaloux du bonheur de la France, pour ne pas éviter, de tous vos moyens, qu'elles n'y tournent au profit du plus turbulent, du plus audacieux ou du plus fort.

Vous y parviendrez par la fageffe, la juftice, l'impaffibilité & la concordance de vos jugemens annuels fur les élections. Les principes que je viens de parcourir m'y ont paru les plus propres, & j'ai cru utile de les raffembler en un même point de vue, & de vous les foumettre. Toujours vaudroit-il mieux que l'incertitude

& les contradictions où nous flottons, non fans encourir les foupçons d'affection & de parti. J'aurai rempli mon but, fi j'ai concouru à infpirer le defir fructueux d'apporter quelque perfectionnement dans cette partie importante de nos lois.

www.ingramcontent.com/pod-product-compliance
Lightning Source LLC
Chambersburg PA
CBHW061522040426
42450CB00008B/1747